聞くだけで速読ができるCDブック

斉藤英治 医学博士

JN270125

あさ出版

あなたは、
いままでの10倍のスピードで
本を読むことができます。

速読は
才能ではありません。
誰でも、いつでも
実践できる技術です。

速読できると
どんなことが
起こるのでしょうか。

使える時間が増え
自分の自由な時間が
生まれる

仕事のスピードが
速くなる
お先に！

知識が増え
世界が広がる

インプットが増え アウトプットが増える
OUTPUT
INPUT

偏差値
9月
10月
11月
合格
効率よく
勉強できる

たくさんの情報の中から
ほしい情報が
すぐ見つかる

本書では、これまで
100万人以上が実践し、
日本一研修で採用されている
最も効果的な
速読法を紹介します。

その方法はとってもかんたん。
1日15分、7日間、
付属のCDを聴くだけです。
10代から70代の方まで
誰でもできる方法です。

速読は目的ではありません。
あなたの毎日を
充実したものにする
最も有効な手段です。
さあ、早速はじめましょう。

医学博士　斉藤英治

Contents

Part 2
一緒に使えば効果倍増！速読テクニック11

Contents

本文デザイン／梅里珠美（北路社）
本文イラスト／北村友紀

まずは読書スピードを計ってみよう

CDを聴く前に、まず自分がどれくらいのスピードで本を読めるのか、読書スピードを計ることから始めてみましょう。

ストップウォッチを用意して、16ページのテスト用の文章を**1分間**、読んでみてください。物足りないようなら、お手元にある本で試してもかまいません。

普段通りの最も楽で自然な状態で内容を理解しながら読んでみましょう。

1分たったら、その時間で読めた文字数を数えて、記録します。

1分間で読み終えた総文字数が、あなたの今の読書スピードです。

筑波大学名誉教授の佐藤泰正氏らの調査研究によると、速読トレーニング前の読書速度は図の通りで、1分間で500字台という人が最も多いようです。

自分の読書速度が平均より遅くても、まったく気にする必要はありません。むしろ、読書スピードが遅い人ほどCDを聴くことで、スピードアップを実感できます。

ぜひスピードを計って、自分の成長を記録していきましょう。

一般的な読書速度

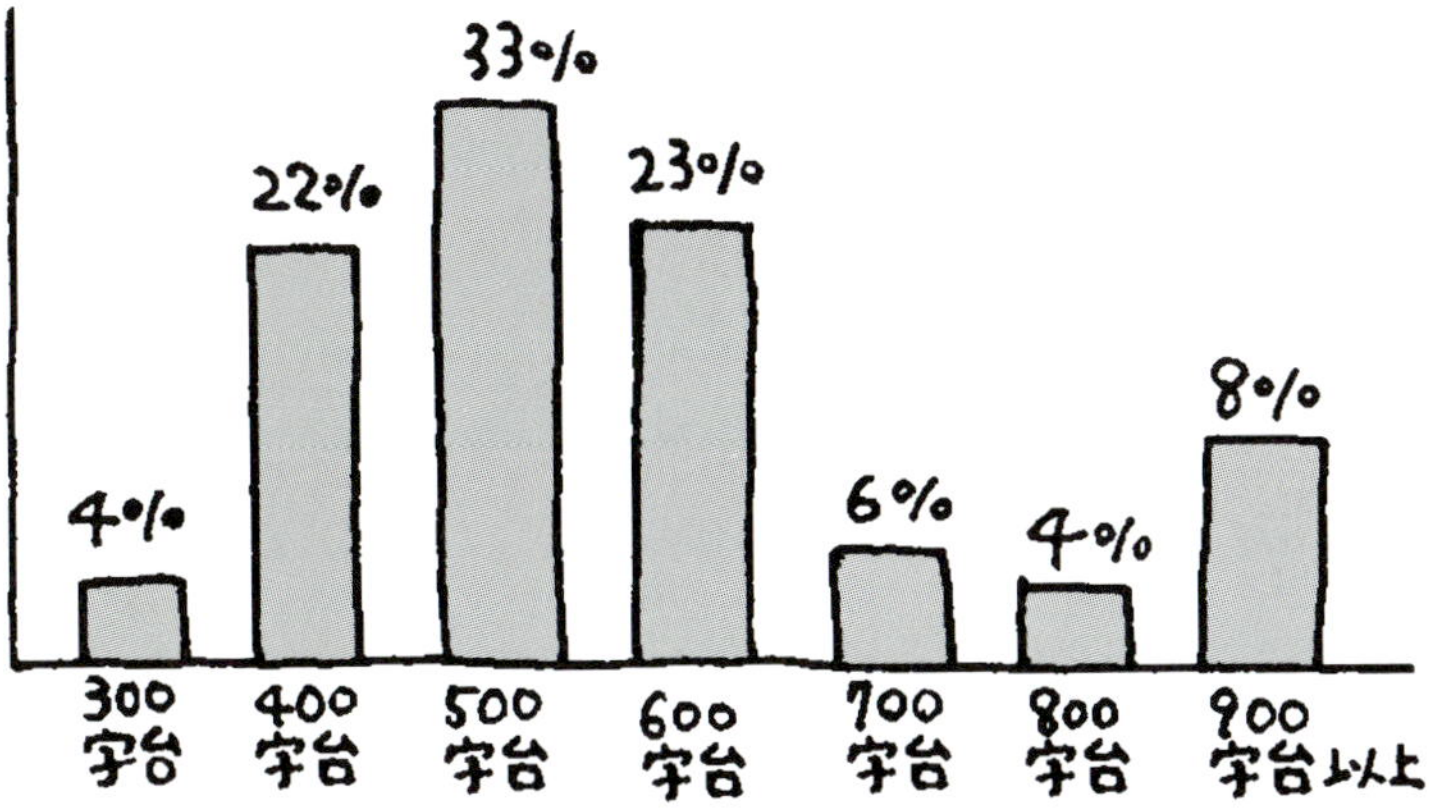

佐藤泰正・桐原宏行
『「超」速読法』(メタローグ) より

私《わたくし》はその人を常に先生と呼んでいた。だからここでもただ先生と書くだけで本名は打ち明けない。これは世間を憚《はば》かる遠慮というよりも、その方が私にとって自然だからである。私はその人の記憶を呼び起すごとに、すぐ「先生」といいたくなる。筆を執《と》っても心持は同じ事である。よそよそしい頭文字《かしらもじ》などはとても使う気にならない。

私が先生と知り合いになったのは鎌倉《かまくら》である。その時私はまだ若々しい書生であった。暑中休暇を利用して海水浴に行った友達からぜひ来いという端書《はがき》を受け取ったので、私は多少の金を工面《くめん》して、出掛ける事にした。私は金の工面に二《に》、三日《さんち》を費やした。ところが私が鎌倉に着いて三日と経《た》たないうちに、私を呼び寄せた友達は、急に国元から帰れという電報を受け取った。電報には母が病気だからと断ってあったけれども友達はそれを信じなかった。友達はかねてから国元にいる親たちに勧《すす》まない結婚を強《し》いられていた。彼は現代の習慣からいうと結婚するにはあまり年が若過ぎた。それに肝心《かんじん》の当人が気に入らなかった。それで夏休みに当然帰るべきところを、わざと避けて東京の近くで遊んでいたのである。彼は電報を私に見せてどうしようと相談をした。私にはどうしていいか分らなかった。けれども実際彼の母が病気であるとすれば彼は固《もと》より帰るべきはずであった。それで彼はとうとう帰る事になった。せっかく来た私は一人取り残された。

学校の授業が始まるにはまだ大分《だいぶ》日数《ひかず》があるので鎌倉におってもよし、帰ってもよいという境遇にいた私は、当分元の宿に留《と》まる覚悟をした。友達は中国のある資産家の息子《むすこ》で金に不自由のない男であったけれども、学校が学校なのと年が年なので、生活の程度は私とそう変りもしなかった。したがって一人《ひとり》ぼっちになった私は別に恰好《かっこう》な宿を探す面倒ももたなかったのである。

宿は鎌倉でも辺鄙《へんぴ》な方角にあった。玉突《たまつ》きだのアイスクリームだのというハイカラなものには長い畷《なわて》を一つ越さなければ手が届かなかった。車で行っても二十銭は取られた。けれども個人の別荘はそこここにいくつでも建てられていた。それに海へはごく近いので海水浴をやるには至極便利な地位を占めていた。

私は毎日海へはいりに出掛けた。古い燻《くす》ぶり返った藁葺《わらぶき》の間《あいだ》を通り抜けて磯《いそ》へ下りると、この辺《へん》にこれほどの都会人種が住んでいるかと思うほど、避暑に来た男や女で砂の上が動いていた。ある時は海の中が銭湯《せんとう》のように黒い頭でごちゃごちゃしている事もあった。その中に知った人を一人ももたない私も、こういう賑《にぎ》やかな景色の中に裹《つつ》まれて、砂の上に寝《ね》そべってみたり、膝頭《ひざがしら》を波に打たしてそこいらを跳《は》ね廻《まわ》るのは愉快であった。

（夏目漱石「こころ」）

Part 1

1日15分聴くだけ！7日間で速読ができる！

高速音声が脳の力を強化する

本書のCDには、**聴覚を通して脳を刺激する高速音声**が入っています（2倍速、3倍速、4倍速、10倍速）。

高速音声による聴覚刺激を受けた脳は、それに対応しようと、より高度な活動を開始します。このとき聴覚に関する領域（聴覚野）だけが、活性化されるわけではありません。脳の各領域はネットワークによってつながっており、ひとつの刺激はこのネットワークを通して、各領域に波及します。聴覚野と連動する、「記憶」「認識」「理解」「知覚」さらには、脳の司令塔といわれる前頭連合野が動き出し、「言語」から「運動」まで、さまざまな領域が、同時に活性化されるのです。

それに加えて、本書で紹介するトレーニングでは、高速の音声を、テキストを見ながら聴く形をとるため、脳は**視覚刺激も受ける**ことになります。

聴覚刺激に視覚刺激が加わると、より広い範囲の連動が起こり、まるでドミノ倒しのように、刺激が波及して、脳が活性化していくのです。

聴覚刺激と視覚刺激が脳を活性化させる

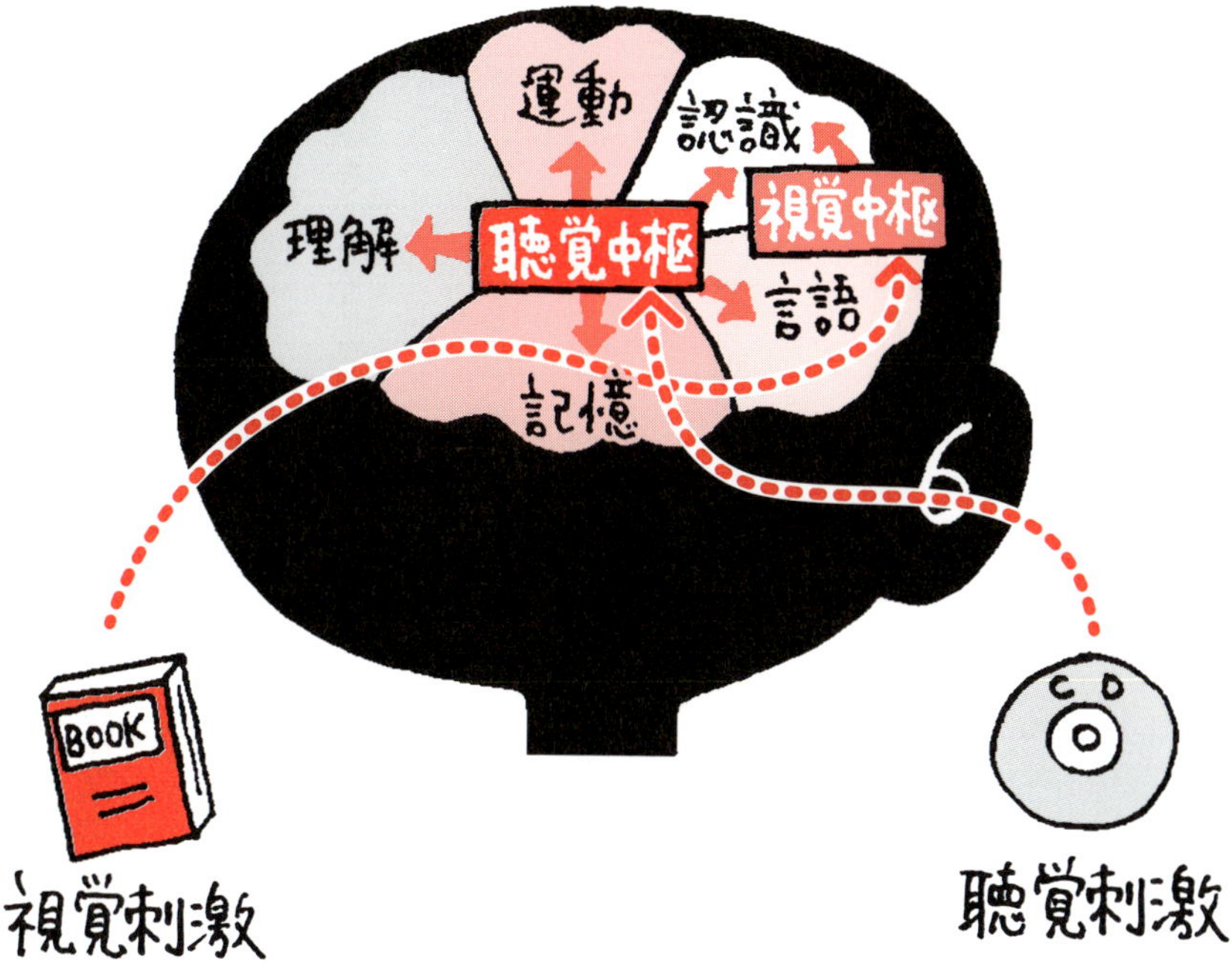

聴くだけで、なぜ速読できるのか

高速音声の効果は、脳を活性化させるだけではありません。

この音声のすごいところは、脳を活性化させながら、同時に**「速読のスピード感」を脳や、体に覚えこませる役割を担っている**ことです。

読書のスピードをこれまでの3倍、4倍、10倍と上げていくとなると、これを自分ひとりで行うのは簡単ではありません。

このとき、高速音声という聴覚刺激が、ペースメーカーとなって読書の伴走をしてくれるのです。

あなたがやるべきことは、**音声スピードについていきながらテキストを読んでいくだけ**です。

音声もテキストの文字もすべてを理解しようとする必要はありません。

新幹線に乗ったときのように、リラックスしてハイスピードの流れやイメージに乗っていくだけでいいのです。

高速音声について読むだけ！

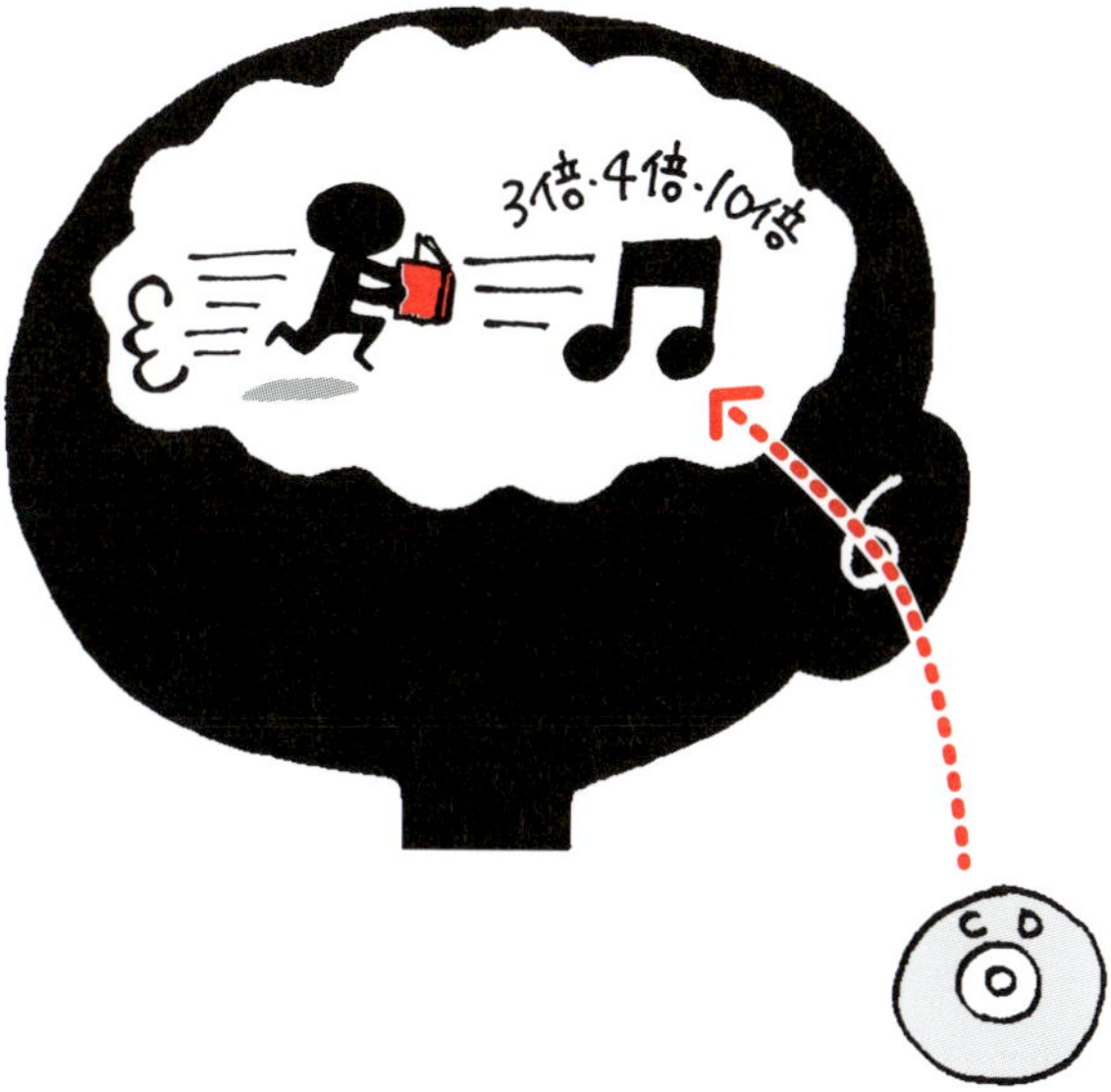

高速音声が強制的にあなたの読書をハイスピードに導いてくれます。ハイスピードで読むときの「ペース」と「読み取り方」を文字通り、身につけるのです。

これを繰り返していくことで、やがて本を開いただけで、自然に速読のスイッチが入ります。そして、高速で読み進めていけるようになるでしょう。

※高速音声はすべてを聴き取ろうとすると人によっては目まいや頭痛などが起こる場合があります。その際は、収まるまで使用を中止してください。

通常スピードの音声の効果とは？

次の項目から、ＣＤに収録されている高速音声について説明をしていきますが、その前に通常スピードの音声について触れておきましょう。

通常スピードとは、文字通り普通の話し言葉の速度です。市販の朗読ＣＤやオーディオブックなどの音声スピードもこの速度です。

このスピードは、脳を刺激する効果という意味では、３倍速以上の音声のような効果をもたらすものではありません。そのため、本書付属のＣＤには未収録です。

ただし、文学作品などを教材に、聴覚トレーニングをしてみることで、**想像力やイメージ力を鍛えられる**だけでなく、読む力や書く力も高まります。

文章というデジタル情報は、脳に入ることで、脳内でその場面がイメージとして再現されます。

聴覚、視覚を通して、デジタル情報を、イメージ情報（アナログ情報）に変換することを繰り返すことで、**読む力や書く力が大きく向上する**のです。

通常スピードの音声は、読む力・書く力を鍛える

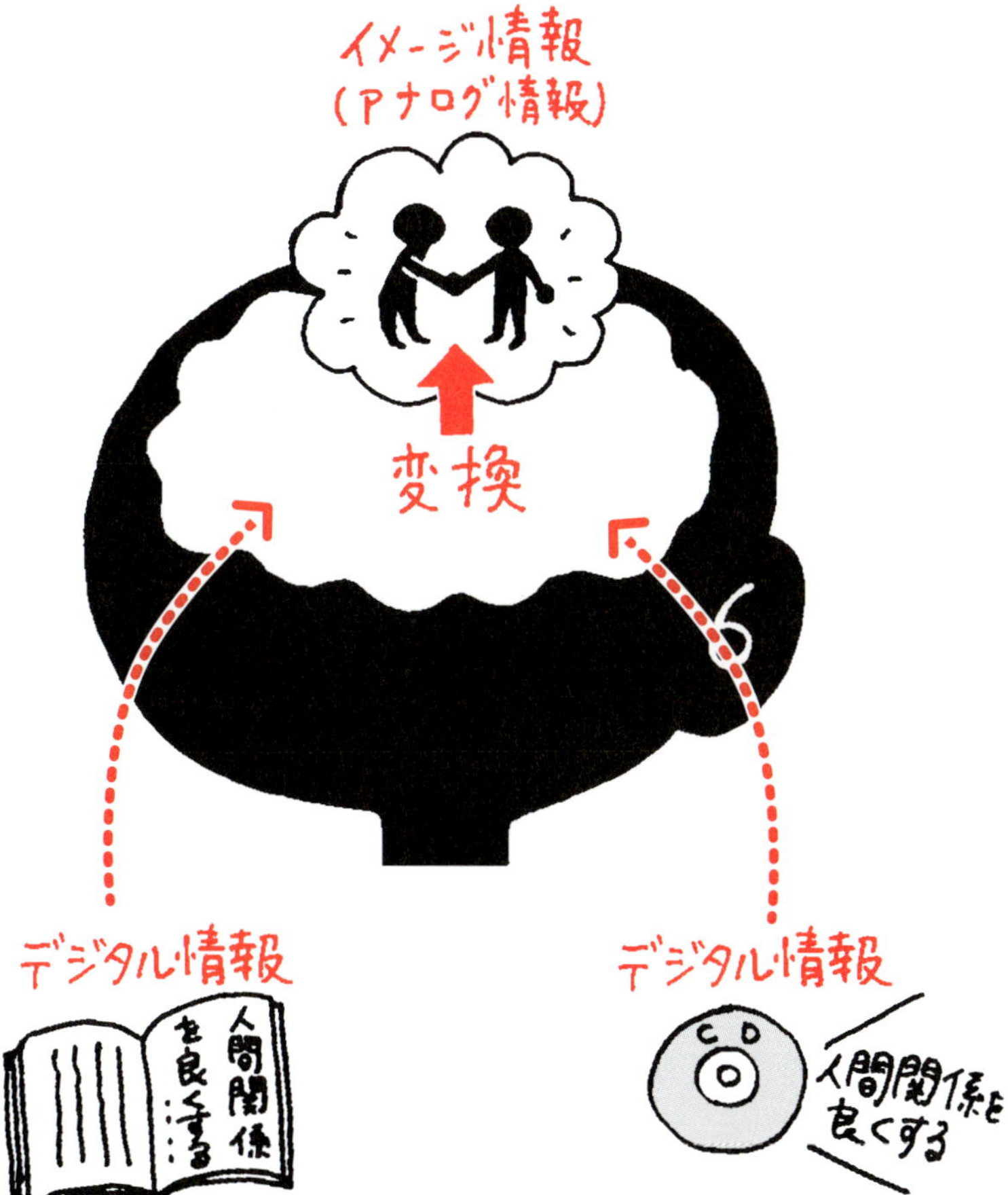

TRACK 01-02

2倍速音声を聴く↓1分間800字を読む

2倍速音声は、普通に話す人の速度の2倍であり、高速の聴覚刺激によるトレーニングの第一歩です。文字数に換算すると1分間約800字。通常の2倍にあたる1分間に800字が耳に入ってくるため、はじめは戸惑うかもしれませんが、**なんとか理解して聴き取ることができるスピード**です。

なお、この速度は専門的訓練を受けたアナウンサーにとっての最高速度に相当します。したがって、このスピードの音声を聴き取って、理解できればどんなに早口の人との会話にも難なく対応できるようになります。話の内容をつかみきれずに苦労したり、失敗したりすることなく、スムースにコミュニケーションがとれるでしょう。

また、2倍速音声の内容がきちんと理解できるということは、聴覚中枢、理解領域をはじめとした大脳の活動が、正常に行われているともいえます。

ここから先の、**3倍速、4倍速、10倍速の聴覚刺激トレーニングへ進めば、大幅な進歩を遂げるだけの潜在能力がある**といえるでしょう。

まずは2倍速に慣れることから

もしもこのスピードについていけないと感じた人は、何回も繰り返して聴き慣れるようにしましょう。難なく聴けるようになったら、3倍速に進んでください。テキストの文字も読んで、内容をイメージとして頭に入れていきましょう。

音声が語り掛ける内容をイメージとして頭に思い浮かべ、2倍の速度に合わせて理解しようとして聴くと、脳は高速情報に対応しようと活動を始めます。

その結果、理解力や頭の回転が、自然とこれまでの2倍のスピードになることが期待できるのです。

TRACK 03-04

3倍速音声を聴く↓1分間1200字を読む

いよいよここから、脳を刺激する本格的なトレーニングの段階に入ります。

3倍速音声からは日ごろ耳にしている普通の音声に比べて非常に高速です。

3倍速にした音声は文字数にすると1分間1200字。読書でいうと標準的速度である400字から500字のおよそ2~3倍の速度となります。

はじめからこの音声を聴き取り、理解できる人は多くはないでしょう。

しかし、なんとか内容を理解しようと意識して聴いていれば、脳が高速情報に対応しようと高速回転するようになります。

3倍速音声からは、一字一句聴き取れるかどうかは心配せずに、文章のイメージの流れに乗れるよう努めます。

ポイントは、テキストを見ながら聴くことです。**音声を聴きながら該当箇所を目で追っていく**のです。つまり、3倍速音声をペースメーカーとして、3倍速の速読をしていると思ってください。

3倍速は落ち着いて集中すれば聴き取れる

これを繰り返すことで、3倍速の速読力の基礎をつくることができます。

3倍速スピードを体得したと感じたら、**そのスピードそのままで、ほかの本を読んでみる**と、読むスピードがずいぶん速くなっていることを実感できるでしょう。

また、CDを聴きながら、関連したさまざまなことに思いをめぐらせて、想像をふくらませると、脳の情報処理量を増やすことにもつながります。

TRACK 05-06

4倍速音声を聴く↓1分間1600字を読む

4倍速音声は、文字数にすると1分間1600字です。

4倍速という超高速の段階は、一般の人が読んだり、話したりするスピードの4倍であり、文字を読むという観点では完全な速読の段階です。

初期段階では99％の人は、CDから流れる言葉の多くを聴き取ることができません。だからといって、心配する必要はありません。それが普通の状態です。大切なのは、**どれだけ文章のイメージの流れをつかめるか**、です。

はじめのうちは、音声がテキストのどこの部分を読んでいるのか見失ってしまうかもしれません。そこで本書の音声では、節の冒頭は意図して、録音スピードを落としています。確実に聴き取れる低速の部分をあえてつくることで、音声と同じところを読み進められる仕組みです。

どの部分なのかわからなくなったときは、あわてずに低速部分をペースメーカーとして使い、該当する文章を探すようにしてください。

4倍速で右脳のスイッチが入る

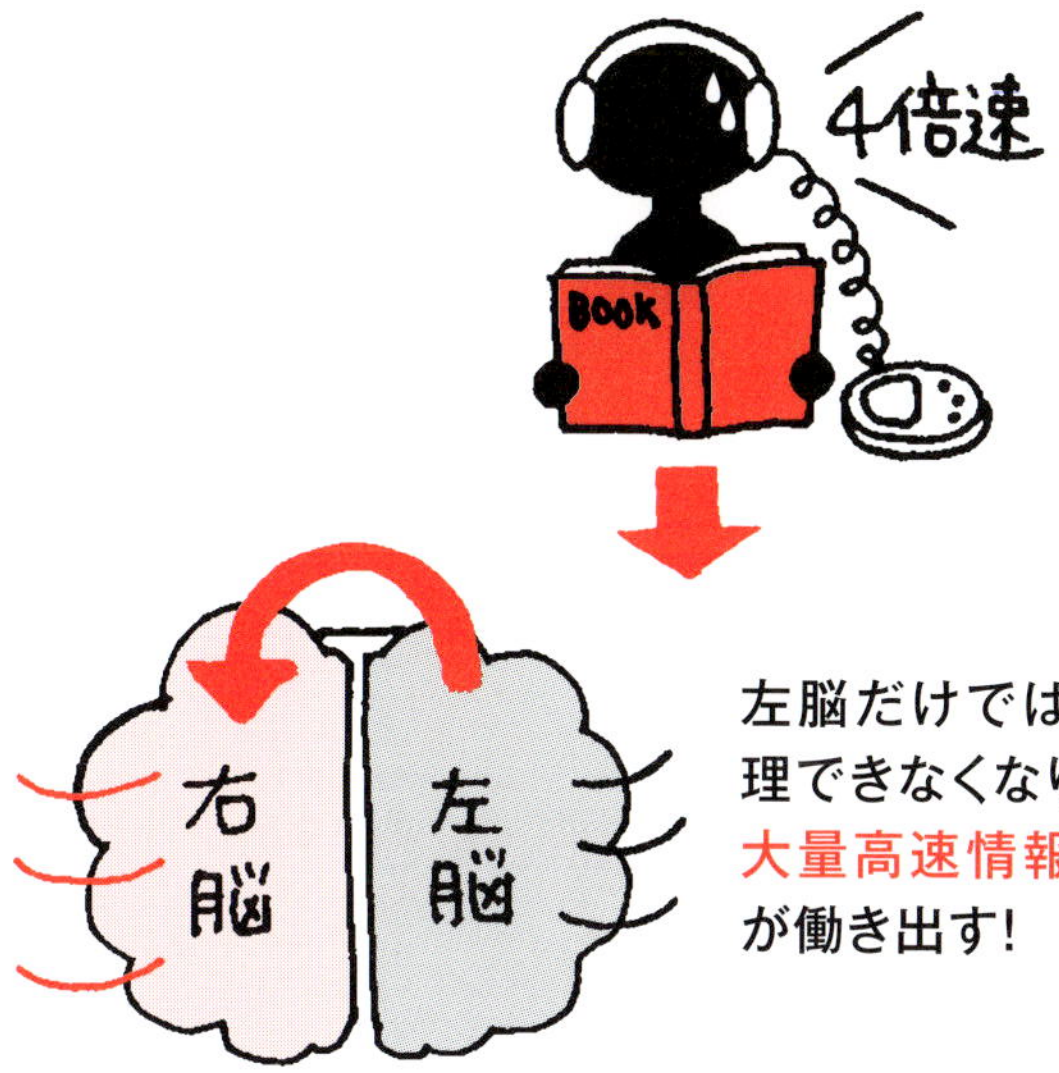

左脳だけでは情報が処理できなくなり、右脳の大量高速情報処理機能が働き出す!

そうやって、繰り返しテキストの文字を目で追いながら聴くことで、4倍速のスピードに脳がついていけるようになっていきます。

そして、**あるとき、言葉がぱっとつかめる**ときが必ずやってきます。

自分にとって重要なキーワード、本が提示するキーワードやイメージをキャッチできるように、とにかく集中しましょう。

4倍速と次ページの10倍速のトレーニングは68ページの対応表にある該当する速読技術を実際の読書で使用するときに役立ちます。ですから、聴き取れるかどうか心配する必要はありません。

TRACK 07-08

10倍速音声を聴く→1分間4000字を読む

最後のステップは10倍速です。4倍速の倍以上のスピードですから、これまでのやり方では、音声を聴き取ることはもちろん、テキストを読んでいくこともできないでしょう。視覚、聴覚を総動員したところで、内容をくみ取ることは難しいでしょう。とはいえ、この10倍速で目指すところは、聴き取れるか、読み取れるか、といったことではありません。

前ページで触れたように、私達の右脳はイメージ処理を担当しており、「大量高速情報処理機能」が備わっています。10倍速は、実際、聴くにしても、読むにしても右脳の働きなしでは、どうにもなりません。

ポイントは、**できるかぎり、イメージで聴き、テキストは絵画や写真を眺めるようにイメージで読む**ことを心がけるのです。

10倍速音声を使い、右脳を働かせる訓練を行うことで、イメージで聴き、イメージで読むという、まったく新しいステージの情報処理が可能になるのです。

10倍速はイメージを使って高速で読む

TRACK 01-08

聴くだけで速読できる7日間トレーニング

それでは、高速音声を使った速読トレーニングを始めましょう。

トレーニングの目安は**1日15分**です。これから述べるプログラムに沿って、余裕があれば、トレーニングの途中、または終えたあとに、次章の速読テクニックを使って、本を1冊、速読してみることをおすすめします。簡単に10倍速で速読できることを感じられるはずです。なお、このプログラムは一応の目安です。無理をせずに自分のペースや好みに合わせて取り組んでください。

トレーニングにあたっては、**呼吸を整え、リラックスして集中力を高めます**。肩に力を入れず、新しいことを楽しむ、わくわくした気持ちで臨んでください。

また、CDで読まれている文章は、私自身がこれまでに研究をしてまとめた、脳力開発や人生に成功するための大切な法則と解説です。

大切な法則が、脳に広がっていくことで、ポジティブな姿勢が身につき、意欲がわくはずです。ぜひ前向きにチャレンジしてみましょう。あなたならできます。

1日目　まずは、2倍速の音声を聴きながらテキストを読んで文章、内容、イメージを頭に入れましょう。2倍速に慣れた段階で、いよいよ7日間トレーニングのスタートです。3倍速のポイント（28ページ）を読んで3倍速の高速音声を聴きながら、テキスト（69～93ページ）を読んでみてください。慣れてきたと思ったら、4倍速、10倍速もテキストを見ながら文字を追ってみましょう。

2日目　3倍速、4倍速をテキストを見ながら聴いてみましょう。きっと1日目よりもずっと文字を追えていることに気づくはずです。4倍速に慣れていないようなら、4倍速を中心に聴きましょう。4倍速に慣れた人は10倍速を聴いてみましょう。まったく聴き取れなくても心配する必要はありません。ゆったりとした気持ちで臨んでください。

3日目　3倍速、4倍速で耳を慣らしてから、10倍速を中心に訓練しましょう。

4日目　4倍速を中心に15分間トレーニングを行いましょう。そして4日目からは、次章で紹介している「速読の技術」を使って自分が読みたい本で読んでみます。今日は「プレビュー法」（42ページ）に挑戦してみましょう。

5日目　今日は10倍速を中心にトレーニングを行いましょう。そのあとは「写真読み」で読んでみましょう（44ページ）。スピードの目安は10倍速音声です。もちろん10倍速は超高速スピードですから、読めなくても気落ちする必要はありません。

6日目　3倍速を中心にトレーニングをしましょう。この日は「スキミング」（46ページ）を使ってトレーニングをします。

7日目　いよいよ最終日、3倍速、4倍速、10倍速をすべて聴きましょう。そして、仕上げとして、1冊の本を「プレビュー法」（5分）、「写真読み」（5分）、「スキミング」（20分）を使って30分で速読してみましょう。

さて、トレーニングを7日間続けたあなたの頭には、3倍速、4倍速、10倍速のスピード感が身についています。自分が読みたい本で速読をできる準備が充分に整った状態です。ぜひ、この感覚をもとに、引き続き実践していきましょう。

もし、ここで身につけた**スピード感覚を忘れそうになったら、いつでもこのトレーニングに戻りましょう**。1日15分CDを聴いて、3倍速、4倍速、10倍速の速読ページを確認しましょう。何度も繰り返すことで、速読の感覚があなたの中によりしっかりと定着していくはずです。

トレーニングの手順

手順1　テキストを読みながらCDを聴く

手順2　速読をしてみる（余裕があれば）

手順3　記録をとる

速読スキルを組み合わせれば効果大

7日間のトレーニングを行うと、あなたの読書スピードは飛躍的に上昇します。一方で、トレーニングの中でも出てきたように、本を読む際に、次章から紹介する**速読の技術を併用することで、速読の力がより確固たるものになる**ということをご紹介しておきましょう。

CDを1週間聴いたあとというのは、速読の「基礎固め」がされた状態です。この基礎力を速読の技術を使って**「ゆるぎない実力」**にするのです。

次章で紹介をする速読の技術は、私が開発してきた実践的読書の技術です。速読の方法は一つだけではありません。目的に応じたさまざまなものがあり、この技術自体を組みわせて使用することで、スピードアップはもちろん、読書を通じてより質の高い情報を得ることができます。

本書で紹介するトレーニング法は、単発的に用いることでも効果は発揮されますが、総合的に活用してこそ、最大の効果があるのです。

総合的な速読力を高めよう

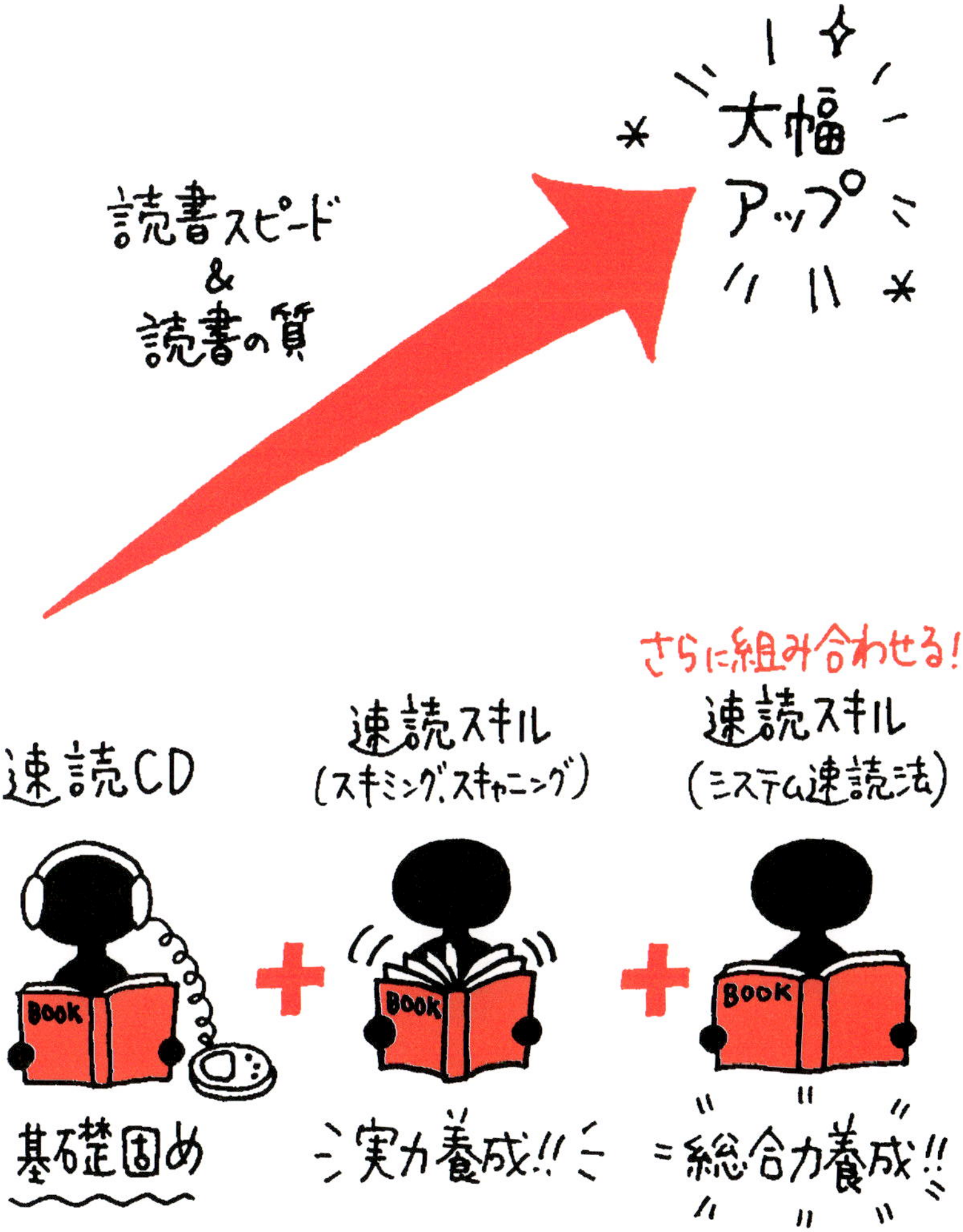

BOOK

Part 2

一緒に使えば効果倍増！速読テクニック11

1 プレビュー法

全体を下見して有益な情報かを判断する

プレビューとは、「下見をすること」を意味します。

本を読む前にざっと全体を下見して、全容を把握します。

本の構造や流れ、どこにどんな情報があるか、本のレベルはどうかといったことを調べるのです。

プレビュー法では10倍速程度のスピードで、5分間を目途に1冊を読了しましょう。

この方法は、どの部分が貴重な時間を使って読む価値があるかを見極めるのに適しています。

プレビューするときにまず大事なのが**表紙**です。表紙にあるキーワードをしっかりつかみます。書名や副題、キャッチコピー、著者名、経歴などは、本の中身が濃縮された要点中の要点です。まずはこの部分をしっかりチェックしましょう。

そして**前書き**を見て、**目次**を見ます。前書きには、多くの場合、なぜこの本を書いたのかという著者の思いや、その本のダイジェストが書かれています。

プレビュー法で見るべきポイント

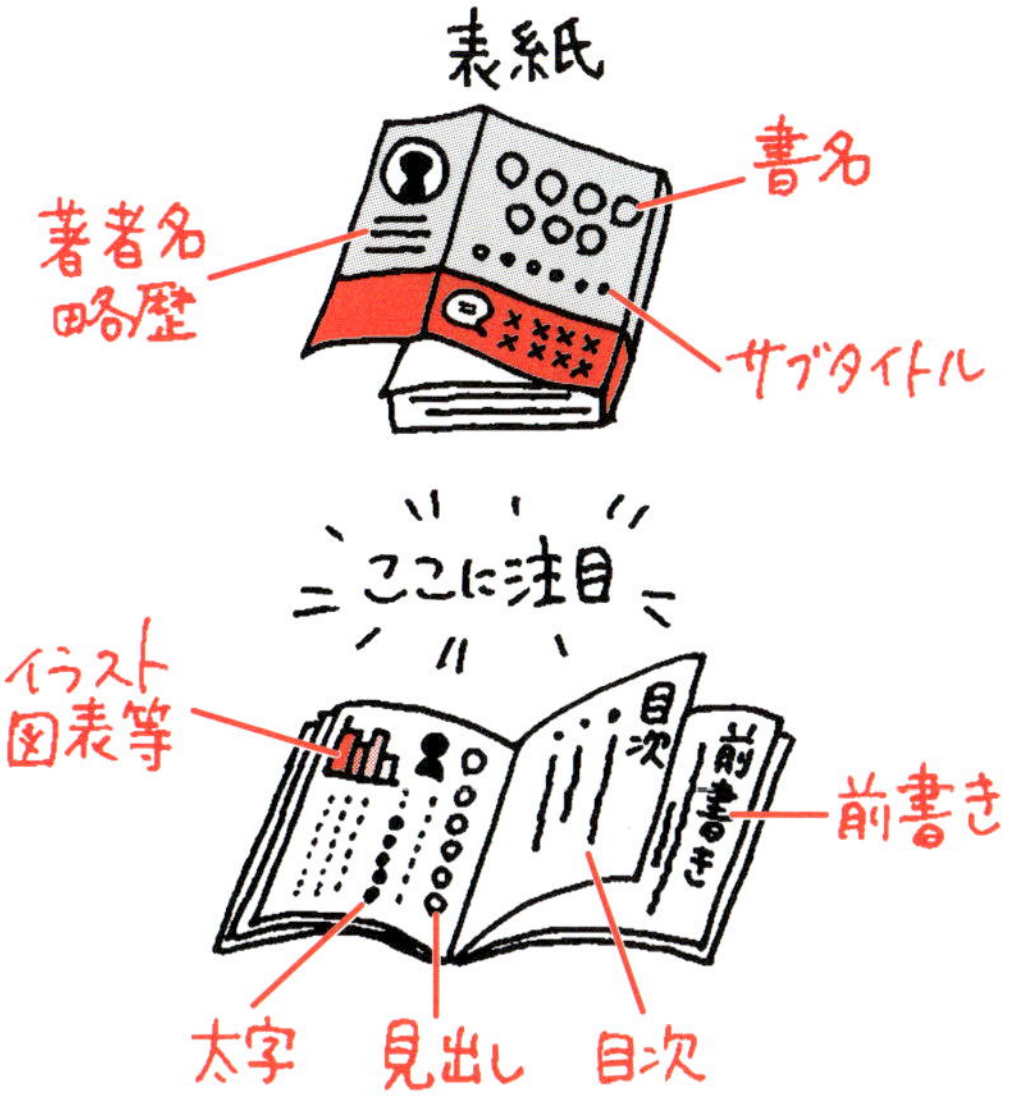

目次は章や項目の見出しを集めたものなので、全体の要点がわかるだけでなく、見出しからそこに書かれている内容を読み取ることができます。慣れてくると目次を見ただけでだいたいの内容がつかめるようになります。

パラパラと本をめくって、**見出し、イラスト、表、太字部分、グラフ、著者略歴**などを確認していきましょう。

プレビュー法を使えば、たった5分でその本の全体、各章や節の概要を知ることができるのです。

2 写真読み

情報を脳にダイレクトで届ける

写真読みは、1冊の本を5分程度で読んでしまう超高速の速読法です。

2秒で2ページ（見開き）という非常に速いスピードで、写真をパシャ、パシャと撮るように読み進めていきます。

メトロノームが正確にテンポを刻むように、一見開きあたりの時間を均等にして機械的にページをめくっていきます。

各2ページずつ均等に2秒の時間を強制的に割り当てて読み進めます。感覚としては**「読む」ではなく「見る」**です。

大切なのは、どんなキーワードやイメージが目に飛び込んでくるかを意識すること。きちんと理解する必要はありません。

これはイメージをつかさどる右脳の力をうまく利用した読み方です。文字そのものをイメージとして、脳に直接届けるのです。

とはいえ、最初のうちはただページをめくっているだけで、あまり意味がないこと

写真を撮るようにイメージで把握する

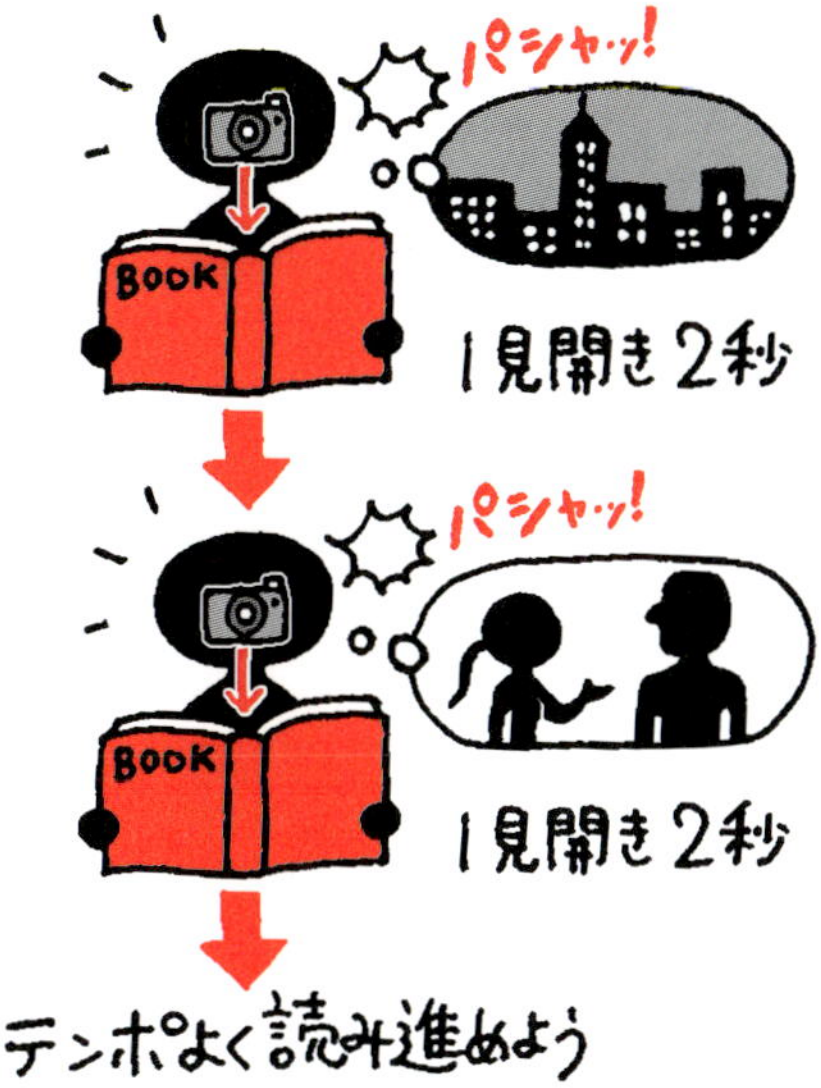

のように感じられるかもしれません。

ですが、それが普通の感覚ですから、安心してください。

あなたの脳はあなたの想像以上にすごい機能をもっています。**理屈ではなく、ひたすらページをめくっていきましょう。**そして、自分の能力を信じて前向きに取り組むことも大切です。

繰り返し実践していくうちに、しだいにより多くの情報を得られるようになっていくのです。

3 スキミング

全体を見ながら必要な情報をすばやくつかむ

スキミングは欧米を代表する速読術で、アメリカでは歴代の大統領が実践するほどポピュラーな方法です。

スキミングの意味は「全部は取らず、大事なところだけかすめ取る」です。カモメが魚を探して海面すれすれを飛び回り、見つけたら素早くついばみ飛び去る、そんな様子をイメージするとわかりやすいと思います。

海の上ならぬページ上で全体を見渡して概要をつかみ、自分に必要な情報を探し出し獲得するのです。

飛ばし読みやななめ読みではなく、**全体を見渡し、全体的な印象をつかむ。そして、大事なところを見つけたら、降りてきて、必要な情報を素早くキャッチしてまたすっと上にあがる。これを繰り返します。**

章、節、パラグラフ、センテンスといった単位で、自分にとって重要な情報かどうかを判断し、不必要なものはカットします。

スキミングは効率読書の基本スキル

BOOK
必要な情報を探す
不必要な情報は流す
じ〜…
BOOK
必要な情報を
見つけたら、そこは
じっくり読む

大事な2割の情報を読み、8割をスキップすれば、それだけで5倍のスピードになります。本書のCDでいえば、3~4倍速をペースメーカーにしましょう。重要な部分にさしかかったら、1~2倍速にペースダウンするイメージです。

大事なのは、**自分がどんな情報を必要としているのか、何が知りたいのかを最初にはっきりさせること**です。この目的が明確であればあるほど、うまくいきます。

この技術をしっかり習得しておけば、スピードにおいても内容の理解においても、あなたの読書の質は格段に上がっていくことでしょう。

「なぜ書生はいなくなったのか」スキミングをしてみよう（1分間）

「なぜ吾輩は餓死しなかったのか」スキミングをしてみよう（1分間）

吾輩《わがはい》は猫である。名前はまだ無い。

どこで生れたかとんと見当《けんとう》がつかぬ。何でも薄暗いじめじめした所でニャーニャー泣いていた事だけは記憶している。吾輩はここで始めて人間というものを見た。しかもあとで聞くとそれは書生という人間中で一番獰悪《どうあく》な種族であったそうだ。この書生というのは時々我々を捕《つかま》えて煮《に》て食うという話である。しかしその当時は何という考もなかったから別段恐しいとも思わなかった。ただ彼の掌《てのひら》に載せられてスーと持ち上げられた時何だかフワフワした感じがあったばかりである。掌の上で少し落ちついて書生の顔を見たのがいわゆる人間というものの見始《みはじめ》であろう。この時妙なものだと思った感じが今でも残っている。第一毛をもって装飾されべきはずの顔がつるつるしてまるで薬缶《やかん》だ。その後《ご》猫にもだいぶ逢《あ》ったがこんな片輪《かたわ》には一度も出会《でく》わした事がない。のみならず顔の真中があまりに突起している。そうしてその穴の中から時々ぷうぷうと煙《けむり》を吹く。どうも咽《む》せぽくて実に弱った。これが人間の飲む煙草《たばこ》というものである事はようやくこの頃知った。

この書生の掌の裏《うち》でしばらくはよい心持に坐っておったが、しばらくすると非常な速力で運転し始めた。書生が動くのか自分だけが動くのか分らないが無暗《むやみ》に眼が廻る。胸が悪くなる。到底《とうてい》助からないと思っていると、どさりと音がして眼から火が出た。それまでは記憶しているがあとは何の事やらいくら考え出そうとしても分らない。

ふと気が付いて見ると書生はいない。たくさんおった兄弟が一疋《ぴき》も見えぬ。肝心《かんじん》の母親さえ姿を隠してしまった。その上今《いま》までの所とは違って無暗《むやみ》に明るい。眼を明いていられぬくらいだ。はてな何でも容子《ようす》がおかしいと、のそのそ這《は》い出して見ると非常に痛い。吾輩は藁《わら》の上から急に笹原の中へ棄てられたのである。

ようやくの思いで笹原を這い出すと向うに大きな池がある。吾輩は池の前に坐ってどうしたらよかろうと考えて見た。別にこれという分別《ふんべつ》も出ない。しばらくして泣いたら書生がまた迎に来てくれるかと考え付いた。ニャー、ニャーと試みにやって見たが誰も来ない。そのうち池の上をさらさらと風が渡って日が暮れかかる。腹が非常に減って来た。泣きたくても声が出ない。仕方がない、何でもよいから食物《くいもの》のある所まであるこうと決心をしてそろりそろりと池を左《ひだ》りに廻り始めた。どうも非常に苦しい。そこを我慢して無理やりに這《は》って行くとようやくの事で何となく人間臭い所へ出た。ここへ這入《はい》ったら、どうにかなると思って竹垣の崩《くず》れた穴から、とある邸内にもぐり込んだ。縁は不思議なもので、もしこの竹垣が破れていなかったなら、吾輩はついに路傍《ろぼう》に餓死《がし》したかも知れんのである。

（夏目漱石「吾輩は猫である」）

4 スキャニング

目標とする情報を高速でひたすら探す

スキャニングとは「検索読書」といっていいでしょう。

分厚い名簿の中から、友人の名前と住所を探すのがスキャニングです。目的は、友人の名前と電話番号のみ。その他大勢には目もくれず、ページを素早くめくって探し当てるのです。

ふつうの本でも同じように、**知りたい情報、キーワードに焦点を絞り、それ以外には目もくれず、ただひたすら目標とする情報を探します**。そして目的の言葉が見つかったらチェックをつけてどんどん先へ進むのです。

スキャニングはスキミングと似ていますが、スキミングは全体を見ながらその中の重要情報を獲得するのが目的であるのに対し、スキャニングは**特定の言葉や情報を発見し、獲得する**のが目的です。読む速さでいえば、スキミングはたとえるなら、鳥かヘリコプター、一方、スキャニングは目的のキーワードめがけて、まっしぐらなので、**ロケット**です。それくらいスピードに差があると理解してください。

キーワード検索をするつもりで

特定の言葉・情報を見つけることに集中して、どんどん先に進む

　スキャニング上達の最大のコツは、自分がどんな情報を探したいのか、目的をはっきりさせること。そして強く意識することです。キーワードが探し出せないとすると、この目的意識が低いことが原因だと思われます。むしろ、目的がはっきりしていさえすればキーワードを見つけることは、それほど難しくありません。

　なお、スキャニングで本を読む場合、**1分間で1万字以上**のスピードが出ないと、私の研修では不合格です。単行本なら**1分間で30ページ**。本書のCDでいえば10倍速です。ぜひ、お手元にある本でトレーニングしてみてください。

●「ジョバンニ」のみに的を絞りスキャニングをしてみよう（1分間）
→トレーニング後、ジョバンニに関する情報をどれだけ得たか、再読して確認しよう

　ジョバンニが学校の門を出るとき、同じ組の七八人は家へ帰らずカムパネルラをまん中にして校庭の隅《すみ》の桜《さくら》の木のところに集まっていました。それはこんやの星祭に青いあかりをこしらえて川へ流す烏瓜《からすうり》を取りに行く相談らしかったのです。

　けれどもジョバンニは手を大きく振《ふ》ってどしどし学校の門を出て来ました。すると町の家々ではこんやの銀河の祭りにいちいの葉の玉をつるしたりひのきの枝《えだ》にあかりをつけたりいろいろ仕度《したく》をしているのでした。

　家へは帰らずジョバンニが町を三つ曲ってある大きな活版処にはいってすぐ入口の計算台に居たただぶだぶの白いシャツを着た人におじぎをしてジョバンニは靴《くつ》をぬいで上りますと、突《つ》き当りの大きな扉《と》をあけました。中にはまだ昼なのに電燈がついてたくさんの輪転器がばたりばたりとまわり、きれで頭をしばったりラムプシェードをかけたりした人たちが、何か歌うように読んだり数えたりしながらたくさん働いて居《お》りました。

　ジョバンニはすぐ入口から三番目の高い卓子《テーブル》に座《すわ》った人の所へ行っておじぎをしました。その人はしばらく棚《たな》をさがしてから、

「これだけ拾って行けるかね。」と云いながら、一枚の紙切れを渡《わた》しました。ジョバンニ

はその人の卓子の足もとから一つの小さな平たい函《はこ》をとりだして向うの電燈のたくさんついた、たてかけてある壁《かべ》の隅の所へしゃがみ込《こ》むと小さなピンセットでまるで粟粒《あわつぶ》ぐらいの活字を次から次と拾いはじめました。青い胸あてをした人がジョバンニのうしろを通りながら、

「よう、虫めがね君、お早う。」と云いますと、近くの四五人の人たちが声もたてずこっちも向かずに冷くわらいました。

ジョバンニは何べんも眼を拭《ぬぐ》いながら活字をだんだんひろいました。

六時がうってしばらくたったころ、ジョバンニは拾った活字をいっぱいに入れた平たい箱《はこ》をもういちど手にもった紙きれと引き合せてから、さっきの卓子の人へ持って来ました。その人は黙《だま》ってそれを受け取って微《かす》かにうなずきました。

ジョバンニはおじぎをすると扉をあけてさっきの計算台のところに来ました。するとさっきの白服を着た人がやっぱりだまって小さな銀貨を一つジョバンニに渡しました。ジョバンニは俄《にわ》かに顔いろがよくなって威勢《いせい》よくおじぎをすると台の下に置いた鞄《かばん》をもっておもてへ飛びだしました。それから元気よく口笛《くちぶえ》を吹《ふ》きながらパン屋へ寄ってパンの塊《かたまり》を一つと角砂糖を一袋《ふくろ》買いますと一目散《いちもくさん》に走りだしました。

（宮沢賢治「銀河鉄道の夜」）

5 キーワード読み

キーワードだけ読んで時間と労力を節約

文章というものはあなたにとって重要な単語だけで構成されているわけではありません。重要な単語とそれほど重要でない単語が混在している状態です。

そこで文章から**キーワードだけを探し出し、キーワード以外の単語はできるだけ無視して読まない**ようにする速読の技術があります。これが「キーワード読み」です。キーワードだけを読むことで、重要でない単語をカットでき、結果として読書スピードの大幅アップにつながるのです。

一般的に**キーワードは、名詞や動詞が中心です**。幸いなことに、日本語では名詞や動詞の多くが漢字あるいはカタカナなので、文章の中で自然と目につくはずです。

ぜひ、手元の本を使って、キーワード読みをしてみてください。通常の読書速度と比較して、キーワード法を使うとかなり速く読めることを感じられると思います。

なお、神経言語学では、キーワードには鉤《かぎ》があり、取り出すときに必要な情報、関連する情報をずるずるとひっかけてくるとされています。つまりキーワードを大切にすると、関連する情報などが、脳の奥から芋づる式に引き出されてくるわけです。
慣れてくると、**どうでもいい言葉は沈んでしまい、関心のあるキーワードだけが島のように浮き上がって見えてきます。**そして、その海面下に連なる海中の巨大な山脈を類推できるようになります。

キーワードを見つけるには、どのようなキーワードを見つけたいのか、事前にはっきり意識しておくことが大事です。

漢字、カタカナがキーワードになりやすい

日本でもベンチャーキャピタルをぜひ育成したい。銀行も、これからはプロジェクトやビジネスモデルの審査能力をつけ、多少のリスクがあったとしても評価して融資することを考えてもいいのではないか。

キーワードを抽出

↓

日本でも**ベンチャーキャピタル**をぜひ**育成**したい。**銀行**も、これからは**プロジェクト**や**ビジネスモデル**の**審査能力**をつけ、**多少のリスク**があったとしても**評価**して**融資**することを**考えて**もいいのではないか。

6 メインアイデア法

各段落のメイン情報をつかんで読んでいく

段落、または文章の一区切りのことをパラグラフといいます。たいていの文章は、3〜5行でひとつのパラグラフをつくっています。そして、ひとつのパラグラフには、必ずひとつのメインアイデア（＝主要なアイデア）が入っています。これを「一パラグラフ＝一メインアイデアの法則」といいます。

そこで、本を読むとき、まず各パラグラフに隠れているメインアイデアをつかむようにします。そして、**多数のパラグラフからメインアイデアだけを抽出して、組織化します。**こうすることで、どんな難解な長い文章や論文でも、正確に、短時間で読むことができるようになります。これが「メインアイデア法」です。

たとえば、ひとつのパラグラフの中に文字にしてその10分の1のメインアイデアがあるとすると、この文章をメインアイデア法で読んだ場合、それだけで読書スピードが10倍にもなるのです。

パラグラフごとに要点をつかむ

大学入試などと違って、公務員採用試験は出題される科目数が多く、1科目あたりの分量も多いので、いかに合理的に学習するかが問われます。すなわち、科目ごとに出題頻度の高い項目を中心にして学習していくことが必要になります。

→ **合理的に学習すること**

よく公務員試験で大切なことは「完璧主義を捨てること」だと言われます。科目が多いにもかかわらず、一般の公務員採用試験受験生は1年から長くて2年程度の準備期間で試験に臨むわけですから、無駄なことをしている余裕はありません。

→ **完璧主義を捨てること**

皆さんが行うのは、試験勉強です。学問ではありません。最終的に問題が解けて、点数が取れないと意味がないのです。問題集を使って、学んだ知識がどう出題されるのか意識しましょう。

→ **問題演習をすること**

各パラグラフからメインアイデアを抽出して組織化する

7 ワードシグナル法

接続語に注目し、文章の流れを見極める

文章の中には、道路にある信号と同様に、信号（シグナル）があり、文章の流れをつくっています。

そこで、**文章の中にどんな信号があるか、文章の流れの方向を見定める**と、道路を熟知した名ドライバーのように、速く快適に読書を楽しむことができます。これを「ワードシグナル法」といいます。

読書の世界の信号は、主に**「接続語」**です。

ひとつひとつの接続語が、赤なのか、青なのかを正確に覚えておく必要はありません。言葉にも信号があるんだと意識しておくことで、読んでいくうちに無意識に認識でき、正しくハンドルを切れるようになるでしょう。

接続語で文章の流れを読む

赤

文章の流れが途切れ、そのあと、流れが変わる

- 結論として
- 終わりに
- 要するに

など

止まれ

結論が示され文章の流れが変わる。必要な結論ならしっかり把握する。

黄

文の流れが逆転する場合がある

- しかし
- だが
- ～であるが

など

要注意

「しかし」「だが」のあとは流れが逆転する。ただし、「～が、～のに」には「ので」「そして」のように青信号になることもある。

青

同じ流れで文章が進んでいく

- そして
- また
- したがって

など

進め

前と同じ方向に文章が流れる。または前文よりも、さらに重要な内容が語られる。

8 文章パターン認識法

五つの文章パターンを意識して読む

文章というものは著者が自由に書いているように思えますが、本に書かれている文章の多くは、その内容によって、大まかにいくつかのパターンに分類することができます。

そして、それぞれの文章パターンには、効率的に速く読める読み方があるのです。

そこで、**著者のねらいを理解し、まずその文章がどの文章パターンに属すのかを識別します。そして、その文章パターンに合った読み方をすれば、スムースに速く、正確に文章を読むことができるのです。**これが「文章パターン認識法」です。

読書の権威である、ニューヨーク大学のニラ・バントン・スミス教授は、さまざまな文章を分析して、左のような五つのパターンに分類しました。このパターンを意識して、それぞれの文脈にふさわしい読み方をすれば、あなたの読書効率は著しく上がっていくでしょう。

文章パターンの5分類

1 経験共有型

著者が自分の個人的な経験を読者に伝え、その経験を分かち合おうとするパターン。一般的にやさしく、相手に話し掛けているような文章なので、読者は速く一気に読み進めることができる。

2 質疑応答型

最初に著者が質問するパターン。たとえば「時間とはなんだろう?」という質問を提示し、それに著者が答えていく形式。著者のねらいがはっきり質問に示されているので、余計なことを考える必要もなく、簡単に速く読み進めることができる。

3 情報提示型

あることについて詳しく情報を伝えるパターン。著者がどんな情報を伝えたいかはわかりやすいが、情報そのものが詳細で理解しにくい。読書スピードを調整し、その情報について興味があれば注意して読み、そうでなければ読み飛ばせばいい。

4 意見証明型

著者が意見を述べ、それを証明し、根拠を説明するパターン。「私は…と考える」「私は…と信じる」「私の意見では…」といった言葉が使われる。まず冒頭の著者の意見をしっかりと理解する。必要なら把握し、必要でないなら軽く流す。

5 技術証明型

最初に結論が出てきて、そのあとで結論を証明するパターン。テクニカルな内容の論文に多い。はじめに結論を理解して、その後の証明に興味があるなら分析していく。証明が不要なら、最初の結論だけ読めばいい。

9 水平読み・垂直読み

視点を水平・垂直に移動させて読む

縦書きの文章は、普通、上から下へ垂直に読んでいきます。

しかし、読書スピードを上げるには、縦書きの文章を水平読みしてみる方法をおすすめします。**文章の各行の真ん中あたりに視点を置いて、左に水平に視点を移動して読んでいく。各行を串刺しにするようなイメージです。**

水平読みをすると、1行ずつ読んでいく一次元的な読み方から、面で読む二次元的な読み方へと変わります。これによって、一度にカバーできる文字数は飛躍的に多くなります。トレーニングに最適なのが新聞です。1行あたりの文字数が少ないため、まとめて視野に入れやすいからです。慣れてきたら数行ずつ固めて読む「ブロック読み」をしたり、徐々に1行あたりの文字数の長い本や雑誌に挑戦してみましょう。

書類などの横書きの文章は「垂直読み」をします。**視点を各行の真ん中あたりに置いて、垂直に下に移動させていく**ことで読書スピードを上げることができるのです。

水平読みと垂直読み

● 縦書きの文章

　少子高齢化が進み、生産年齢人口が減ると、企業の生産や家計の収入が減り、さらには社会保障費が増えて国の財政と現役世代の家計を圧迫します。このどれもが日本の経済にとって強くマイナスに働きます。

　では、処方箋はあるのでしょうか？　少子高齢化といっても高齢化自体は世界に冠たる長寿社会をつくり上げた日本の素晴らしさのひとつです。問題なのは、高齢者が増える一方で、全体の人口が減ること＝現役世代が減っていくことなのです。

水平に
視点を移動

垂直に
視点を移動

● 横書きの文章

　企業が資金を集めるため、また投資家が株を売買するために利用しているのが株式市場です。そこで決まる株価は、重要な経済指標でもあります。

　個別の株価はその企業の業績の良し悪しを測る材料となるものですが、そうした個別の会社の株価を全体集計してみれば、日本全体の景気を判断する材料にもなります。

　そんな指標のひとつが日経平均株価。これは日本経済新聞社が東京証券取引所第一部の上場企業の中から代表的なものを選び……

10 2-8《ニッパチ》の法則

2割の情報に注目して読む

「売上上位2割を占める品目数や得意先（件数）が売上全体の8割を占める」。ビジネスをしている人であれば一度は聞いたことがあるこの法則は、イタリアの経済学者パレートが見出した「イタリア国民の2割が国の富の8割を握っている」というパレートの法則に基づいています。

実は、この法則は読書にもあてはまります。**重要な2割の情報のなかに、自分に必要な情報の8割が含まれている**と考えるのです。これを「2-8《ニッパチ》の法則」と呼びます。

この全体から2割をとらえる感覚を、実際のトレーニングによって潜在意識に叩き込みましょう。左図では1行40文字中、2割（8文字程度）の重要部分を●で表しています。●の位置は行によって異なるので、すばやくキャッチして、次の行に進んでいきましょう。トレーニングに慣れてきたら、今度は実際の文章で試してみます。**各行に2割のキーワード、重要情報があることを意識して読む**のがポイントです。

2−8の法則トレーニング

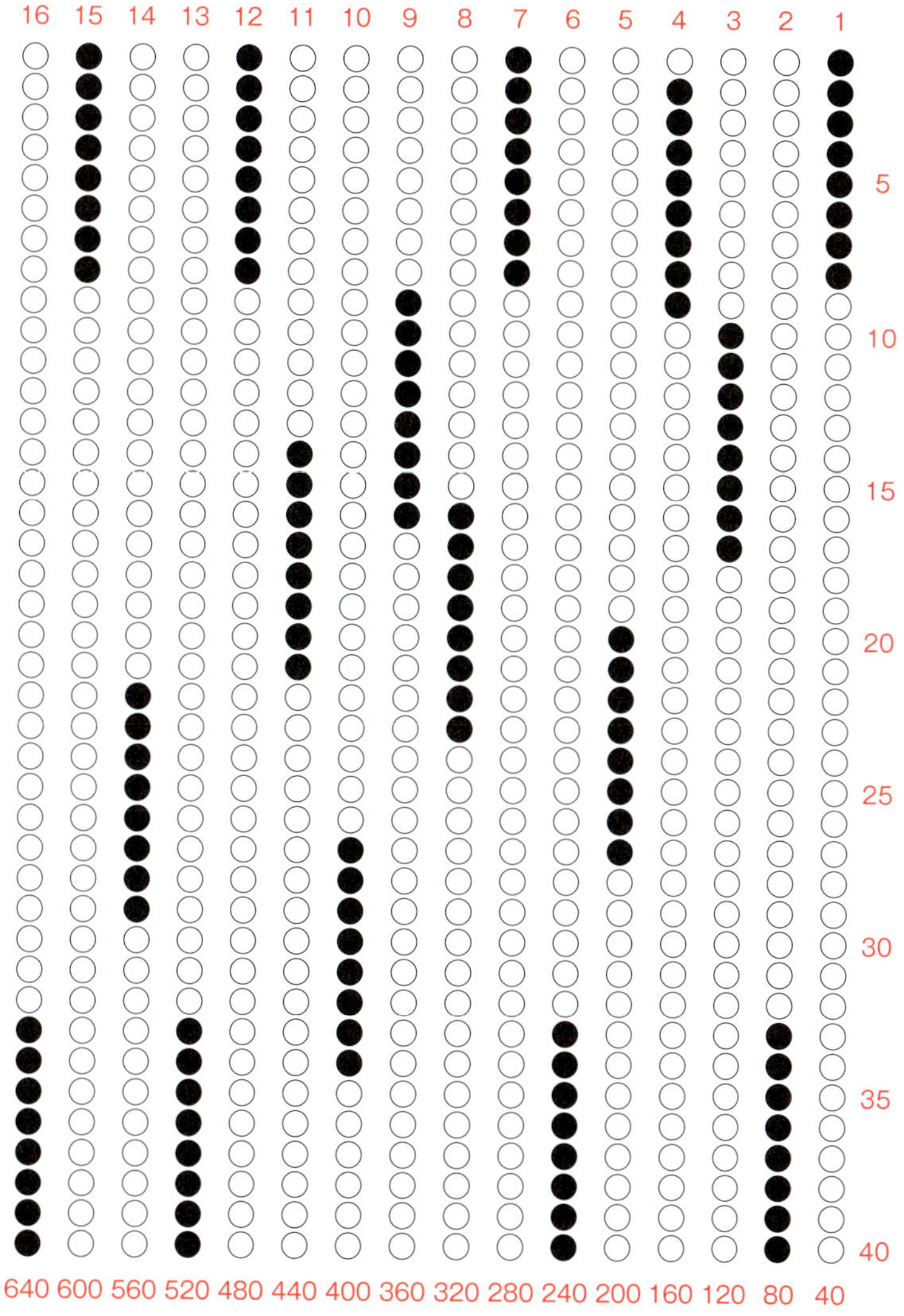

11 システム速読法

目的別に速読技術を組み合わせて読む

ここまで紹介したように、速読技術といってもさまざまなものがあります。読む本の種類や目的に応じて最適な技術を選ぶことが、速読の効果を上げるポイントです。このとき、ぜひ試してほしいのは、私が長年の読書経験および速読指導を通じて開発をした「システム速読法」です。システム速読法とは、**個々の速読技術の特性を生かして、複数を処方箋的に組み合わせ、最小の時間で最大の効果を上げようというのが、最大の特長です**。主だったものを次ページにまとめてみました。

具体的な読み方ですが、それぞれの項目で、読みたい本1冊を読み終えます。「王様の速読法」であれば、プレビュー法で5分で1冊読了。同じ本を写真読みで5分で読了。これで本の概要がわかります。最後に20分で重要な箇所をスキミングして、最短30分で1冊速読終了です。これらの処方箋を参考に、自分に合った〝マイ処方箋〟を組み立てていきましょう。

主要なシステム速読法

名称	目標	内容 （本1冊当たり）
王様の速読法	毎日・毎週継続的に 読書したいとき	プレビュー法（5分）、 写真読み（5分）、 スキミング（20分）
大王様の速読法	読書をビジネスでの 発想・創造・発信に 活かしたいとき	プレビュー法（5分）、 写真読み（5分）、 スキミング（20分）、 速考マップ （上記30分の間に）、 速書（30分） データベース化 （1週間に数回）
ギネス3段 ロケット法①	専門書を 攻略したいとき	プレビュー法（5分）、 スキミング（15分）、 記憶学習法（40分）
ギネス3段 ロケット法②	試験用の参考書を 攻略したいとき	プレビュー法（10%）、 スキミング（25%）、 記憶学習法（65%）
ギネスH型改良 6段ロケット法	専門書を読み、発想、 文章などアウトプット を得たいとき	プレビュー法（5分）、 スキミング（10分）、 記憶学習法（15分）、 速考マップ（5分）、 速書（25分）、 復習（10分）

速考マップ＝図解をして思考を整理する
速書＝自分の考えを文章でまとめる
記憶学習法＝じっくり考え、利用できる形で記憶する

速読技術と読書スピード等の対応表

No.	速読技術	読書スピード	目的	読了目標
1	**プレビュー法**	10倍速	本の概要を知る	5分間で1冊
2	**写真読み**	10倍速	各ページのイメージをつかむ	5分間で1冊
3	**スキミング**	2～4倍速	本中の 重要部分を理解する	30分～ 1時間で1冊
4	**スキャニング**	10倍速	本中の 重要部分を検索する	5分間で1冊
5	**キーワード読み**	2～4倍速	本中の キーワードをつかむ	速読中に文章の内容に応じて左の技術の中から選択
6	**メインアイデア法**	2～4倍速	文中の メインアイデアを把握	
7	**ワードシグナル法**	2～4倍速	文中の 信号に沿って進む	
8	**文章パターン認識法**	2～4倍速	各ページの 読書方針を決める	
9	**水平読み・垂直読み**	2～4倍速	右脳の イメージ力を鍛える	
10	**2-8の法則**	2～4倍速	重要箇所2割を把握、 8割を獲得	30分～ 1時間で1冊
11	**システム速読法**	平均 4～10倍速	上記1～10の技術の最適組合わせ。最小の時間で最大の収穫を得る。最適組合わせ（処方箋）は、67ページ参照。	30分～ 1時間で1冊

速読技術と音声スピードは対応しているため、CDを使ったトレーニングのときに、対応した速読技術のトレーニングを行うと、より高い効果が期待できる。

「人間関係の強化の法則」

●**第1節**　こんにちは、斉藤英治です。

●**第2節**　一般的に普通の本では、人間関係を向上させようとすると、いかに他の人との関係を良くしていくかということを先に考えようとします。自分より他人のことを先に考え、自分をなおしていこうとすると、これでは他人に振り回されることになります。

●**第3節**　したがって、先ず、最初の方でしっかりとした自己の確立について話し、後半でそれを土台にして周りの人達との人間関係の確固とした強化について考えてみたいと思います。ところで世の中には、不適応と呼ばれ、社会や組織の人と一緒に協調していけないと感じている人達がいます。しかしこれらの人達は、あちこちぶつかりながらも自分の個性を出していくので、長い年月がたつうちに、それぞれ個性を磨き、成長していく場合も多いようです。

【トラック1～2】
2倍速音声
【トラック3～4】
3倍速音声
【トラック5～6】
4倍速音声
【トラック7～8】
10倍速音声

※各高速音声の前半は第1節～第44節、後半は第45節～第69節を収録しています。

●第4節

しかし、それより気づかずにもっと深刻なのは、世の中に適応しすぎる人、つまり、過剰適応の人達です。ある新聞社では特集記事を組み、深刻な心身症などの病気になる人は、世の中に適応しすぎる人、つまり過剰適応の人が多いということを発表しています。

●第5節

つまり、会社などでは、人当たりも良く、協調性も良く、うまく話を合わせる。一見順調にいっているように見えますが、自分の本質とはちがって、自分の外側に適応という鎧をつけ、人と適応するということを第一にするために、周りの基準が自分の基準となってしまい、本来の自分の価値基準が押し込められ、つぶされてしまい、他人の基準によって生きてしまう場合です。

●第6節

このような人は、一見人当たりはいいのですが、そして人間関係も一見良さそうに見えますが、自分の基準ではなく、他人の基準によって生きているために、自己を失い、かすかに残っている自分の基準というものとの葛藤が出てきます。そして、自分の基準を打ち消してしまうために、こころやからだの中で矛盾が起こり、重い心身症や鬱病などになってしまうようです。

第7節　このようにして、自己の確立ができていないと、他人の考えや他人の眼を基準にして自分をそれに合わせようとします。そうすると、全く他人次第で自分の感情や価値も浮き沈みしてしまう浮き草のような存在になってしまいます。他人の目が気になり、他人が自分を見下したり、軽蔑したり、また低く評価したりすれば、自分も全くその通り自分を低く評価してしまい、憂鬱の淵に沈んだりします。

第8節　逆に他人からほめられたり、また他人からちやほやされたりすれば、自分もそのような人間だと思い、有頂天になったり、大いに喜んだりします。このようにして、自分の価値基準でなく、他人の基準で行動するならば、自分の価値や目標も浮き草のように浮き沈みし、土にしっかりと根を下ろすことなく、海の波の上を漂うようなこととなってしまいます。

第9節　このようにして、自分の基準を蔑ろにして、他人の基準に従おうとする過剰適応の傾向の人は、一見人間関係を良くしようとして、成功するように見えますが、やがてその基礎である自分自身の価値基準がもろいために、自分自身とまた人間関係をも崩してしまうことになりかねません。したがって、最初に自分自身をよく養い、育て確立することが、つまり良い人間関係を作る基となります。したがって、この研修でもまず自己の確立から始めて、確固たる人間関係の確立へと話を進めていきます。

第10節

そこで人間関係向上の第一の法則は、「自分の主体性を確立する」ということになります。まわり道のように見えますが、確実な人間関係を作るには、まず人間関係の中心となる自分の主体性を確立することです。

第11節

この世の中には様々な刺激がとりかこみ、自分に向かってきます。そしてそのようなとき、人はどのように反応するでしょうか。つまり、外からの刺激とそれに対する反応と行動の関係です。動物の場合はちょうど、パブロフの条件反射の実験のように、犬に食事を与えるとき、いつもベルを鳴らすようにします。そうすると、犬は食事を与えられなくとも、ベルが鳴ったら、喜んで唾液を出すという実験がありますが、そのような刺激が起これば、それに沿った反応が起こります。これが条件反射であり、動物がやることです。

第12節

人間でも、この動物のようにすぐに条件反射をして、感情的に行動する人がいますが、そのような場合もありますが、高度な精神構造をもつ人は、必ずしもこのような動物のような条件反射はしません。様々な刺激に対して、人間は主体的にそれを評価し、どのようにも受け取ることができるということです。

●第13節

つまり、人間の場合はものからの外部からの刺激、ストレスがあっても、これをどのようにも、反応として、自分の行動を選択できるということです。つまり、それらの外からくる刺激にどのように反応するかということは、自分自身が選択できる、そのようなこころのスペースを人はもっているということです。

●第14節

具体的な例として、第二次世界大戦のときに、ユダヤ人収容所に入れられたユダヤ人の精神医学者ビクター・フランクルは、名著『夜と霧』という中で述べています。今なおその感動は忘れられませんが、彼はその過酷な収容所の中で、拷問を受けたり、また自分の友人や親族が次々とガス室に送り込まれたり、衰弱して死んでいく中で、このような過酷な刺激の中で、自らの精神性を高め、こころ豊かに、人間としての高度なイメージを頭の中で思い浮かべることができたようです。

第15節　それは、彼は看守たちよりもはるかに外側からの環境が悪かったにもかかわらず、自由な看守たちよりも、彼はこころの内面ではるかに自由になることができました。看守がうらやむ程だったといいます。看守たちは、外側の環境はより自由でしたが、肉体によって縛られていました。

第16節　これは彼が述べているように、過酷な環境の中で、はじめてわかってくる場合もあります。つまり様々な刺激や試みは、自分の見方次第であるということです。だから、社会通念とか、社会の目とかいうことも、結局はその相手や自分の見方がそのようになっているということで、決してそのことの本質を言っているのではないということに注目していただきたいと思います。

第17節　また他人に依存した生活をしていると、これは他人のせいだとか、環境のせいだとか、自分の親からの遺伝のせいだとか、また子供の時の教育のせいだとかいって、他人やまわりの環境や外側のものに責任をかぶせてしまいます。これでは、他人のせいにして自分のこころを反省させることがないので、成長することができないのです。

●第18節

自分が今このようになっているのは、そのたびに自分がその場で選んだ刺激に対する反応の選択であるということによって、今の結果が生まれているのです。つまり、自分が日々選択することによって、日々自分に対する結果を生んでいるのです。これが最も重要だと思います。

●第19節

人間関係の本によると、他人の重要性を認めなければならないとか、いろいろ書いてありますが、自分を確立しないで、他人のことを考えることは非常に苦しいことですし、また義務的になり、身につきません。まず、第一に自分を変え、そして相手に影響を与えていくという「インサイド・アウト」つまり、内側から外側への考えが重要であり、この研修もそのような考えに基づいて説明をしています。

●第20節

そこで第二の法則は「あなたのこころの王座に何を置くかを定める」ということです。あなたは生きていくのに何を中心に置いているでしょうか。諺に正しい階段を上らないと、一段上るごとに誤った方向に行くとありますが、あなたの中心の置き方次第でこのようになってしまいます。たとえばもしあなたの家族をあなたのこころの中心、つまりこころの王座に置くならば、あなたの安定はその家族の考え方やその中でのあなたの位置などによって、動かされてしまいます。

第21節　確かに家族は大切です。しかし、家族をあなたの最優先、つまりすべてのこころの王座に座らせるならば、家族の誰かの感情や行動が動けば、あなたの安定性もそれによって、動揺してしまいます。なぜなら、あなたがそこに中心を置くということは、あなたがそこを土台としているということであり、土台が動けばあなたもぐらぐらと動くのは当然だからです。

第22節　それでは友人や遊び仲間をあなたのこころの王座に置くとするとどうでしょうか。同様にあなたの友人や遊び仲間の感情や状況や行動次第で、あなたは動かされることになってしまいます。そしてその仲間に入れるかどうかとか、その仲間でどれだけの地位を占めるかなどがあなたの主な関心事となってきます。

第23節　あなたが仕事をこころの王座に置くならば、どうでしょうか。あなたの仕事の出来次第、会社の地位などであなたの価値基準となり、あなたは会社や組織の方針によって、あなたの安定性は左右されることとなってしまいます。

●第24節　それではお金をこころの王座に置いたらどうでしょうか。お金がどれだけたまったかがあなた価値基準となり、お金が無くなれば、お金の有無や大きさであなたの安定性は左右されることとなってしまいます。たまたま何かの理由でお金を失えば、あなたはそれに基づいて不幸感を味わってしまいます。

●第25節　あなたのこころの王座にあなたの感情、感覚である感情を置くとどうでしょうか。あなたは自分にとって楽しいか、得したかによって左右され、あなたはあなたの感情の上下、自分の周りからの受けた評価に対するあなたの感情などによって、大きく左右されてしまいます。

それではあなたは何をこころの王座に迎えればいいのでしょうか。何を中心に置けばあなたは左右されず、安定性を保つことができるのでしょうか。

●第26節　それはあなたのもっている理念であろうと思います。理念とはあなたの人生目的や使命です。前に述べた精神科医ビクター・フランクルは、次のように述べています。

人生における使命というものは、作るものでなく発見するものである。すべての人は人生における独自の仕事、あるいはミッション、つまり使命をもっています。

●**第27節** その点においても誰もその人の代わりになることはできません。そして、自分人生を繰り返すこともできません。したがって、すべての人に与えられている使命とそれを実施する機会はその人独自のものであると述べています。

●**第28節** 以上これまで述べてきたことを簡単に復習してみると、第一の法則「自分の主体性を確立する」ということは、つまりあなたは周りの環境や刺激から支配されない主人であり、あなた独自の判断と行動ができるということです。

第二の法則では、あなたの中心を定めることによって、あなたの目標や将来のあるべき姿を発見することです。

●**第29節** このような土台の上に次の第三の法則を述べます。それは「重要なものから優先して実行する」ということです。

優先順位を決めるということは、つまり時間管理、タイムマネージメント、生活管理の最も重要なことです。優先順位を決める場合は、そのやるべきことの重要度、つまりそれが自分にとって重要かどうかという重要度と緊急度、つまりそれは自分にとって急ぐかどうかという二つの物差しによって、次のように四つにやるべきことを分類して優先順位を決めていくことが役に立つと思います。

●**第30節**　第一の領域は重要であり、かつ緊急であるような仕事です。つまり締切のある仕事やクレームの処理、せっぱつまった問題、病気や事故や災害などの対応などです。これらの仕事は確かにやらなければならない仕事ですが、これらだけをやり、あとはのんびり何もしないというやり方だと場当たり的な落ち着きのないまた燃えつき症候群となって、人間関係は壊れてしまいます。

●**第31節**　次に第二領域は、重要であるが緊急ではないということです。この中には読書や勉強、自己啓発及び健康維持や準備、計画それに本当の意味でのリフレッシュのためのリクレーションまた人間関係作りのための時間などが入ります。つまり自己の充実や人間関係の充実のための準備の時間です。これらは重要ではありますが、緊急でないために、うっかりすると他の用事にとられてこれをやる時間を失ってしまいます。

●**第32節**　しかし、これを確実にとれる人は、自分自身の明確なビジョンをもち、生活が安定し、落ち着いて健康になり、予防的なので様々な危険を回避することができ、そして何よりも人間関係が改善されます。これら未来を見つめた人間関係を行い、また充分な長期的な予防準備を行うゆえに、危険に遭うことも少なくなりますし、また人間関係も当然本来の自分に沿って、しかも将来的な長期的視野に沿った人間関係を築くことができます。

●第33節 次に第三領域の緊急ですが重要でないことがらです。それは多くの電話や突然の誰かからの来訪、会議や報告、無意味な冠婚葬祭や接待、その他雑用などです。これらに優先順位をまわしていると、短期的視野になり、あたりの人眼を気にし、また人当たりはいいが目的がなく計画性がなく、周りに振り回され、人間関係も決裂する場合が多くなります。

●第34節 次に第四領域として重要でも緊急でもない領域です。これらに優先順位を割り当てる人は浮き草のように、責任のない生き方をして、他人や周りの組織などに依存した人生となり、大事な役割やポストから外されていきます。

●第35節 以上の点から結論として、第二領域の重要だが緊急でないといった自己啓発的なことにできるだけ時間を優先させるということが重要になります。このようにして、自己の充実に優先時間をとり、確固たる自己を育成していきます。以上これまでが自己確立のための法則でした。これからはその自己確立を基礎にして、他の人達との人間関係の確立に向かいます。

●第36節

そこで第四の法則は「自分も満足し、相手も満足するようにする」ということです。

前にも述べましたように、自己を確立せず、他人との人間関係を良くしようとしてもうまくいきませんし、一時的にうまくいったとしても、すぐに破綻してしまう可能性があります。自己の存在の意味を理解し、自分というものはこの世でたった一人しかいない。人間は、頭脳含めて60兆の細胞がありこの60兆の細胞の組合わせの人間は、地球にたった一人しかいないということです。しかも何億という精子の中から最も強く賢い精子が卵子に入って人間ができるのです。このように、あなたでなければできない使命があり、存在価値があります。

●第37節

この自分自身の価値を理解してはじめて、他の人も同じように一人ひとり存在価値があり、かけがえのない存在価値があることがわかってきます。つまり、あなたが自分で重要だと思うように、他の人も重要なのです。そのことに気づいたときに、あなたは自己の価値をますます知ると共に、他の人の価値をも知ることができるようになります。

第38節

このようにして、相手の立場も理解することができるようになります。あなたが他の人から理解して欲しいと思うと同じように、他の人もあなたから理解して欲しいのです。したがって自分の立場と相手の立場の両方を考え、自分も満足し、かつ相手も満足する方法を考えていくという姿勢が重要となります。こうして相手の信頼を獲得することができるようになります。相手との相互関係が生まれ、公に成功する土台となっていきます。

第39節

次に第五の法則は「自分が相手を理解してからはじめて相手が自分を理解してくれる」ということです。どのような人でも相手から理解されたいということを強く望んでいます。この欲求が満たされるとき、はじめて相手がこころを開いてくれます。そして相手があなたを理解しようとしてくれます。

第40節

たとえばあなたが、視力が落ちたので、ある眼科の医者のところに行ったとしましょう。もしもその医者があなたの話をろくに聞かないで、自分の医者がかけているメガネをあなたにかけさせて、次のように言ったとします。「このメガネは私がかけているメガネだが、大変よく見える。あなたもかけると見えますよ。このメガネを処方するから、ずっとかけてみなさい」とこう言ったらあなたはどう思うでしょうか。

●第41節

あなたがそれをかけて、見えないと苦情を言っても、その医者は頑固ならばこう言い張るかもしれない。いや私が見えるのだからあなたもきっと見えるはずだと。こんな医者のところにあなたは信頼を寄せ、行く気になるでしょうか。これと同じことを我々はよくやっています。

●第42節

人の話をよく聞こうともせず、すぐに自分の経験に基づく処方箋を出してしまう。つまりあなたが相手に関心を寄せ、よく相手から聞いて相手を理解してあげるとき、あなたは相手からはじめて理解されることとなります。あなたが相手と話すとき、相手の言うことをよく聞き、あなたの感情を移入するとき、はじめて相手はこころを開き、あなたを理解してくれるようになります。

第43節　あなたが相手の立場を理解し、感情とこころを込め、これに影響されるとき、はじめてあなたは相手から理解され、あなたの理論を相手が聴くことができるようになります。相手から影響をされる余裕をもつことで、あなたは相手に影響を与えることができるようになります。つまりあなたの方が先手をとって、相手を理解してあげれば、相手もあなたを理解してくれるということです。

第44節　次に第六の法則は「総合力を発揮する」ということです。イギリスのチャーチルは、第二次世界大戦の前に、イギリス防衛のために、首相に選ばれたとき、「私は私のこれまでの人生のあらゆる準備はこのためであった」と述べたといいます。つまり、彼がそれまで学んだあらゆる技術、知識、経験、鍛えたからだ、これらが第二次世界大戦のときイギリスを守るために、首相の地位でリーダーシップを発揮するのに総動員され、総合力、相乗効果を発揮したということです。

第45節　彼が彼のパワーを最大限に発揮できたのは、単にこのような過去に学んだ技術や経験だけではありません。そのとき彼がもっている頭だけでなく、目や鼻や手や足などの総合力をあげて協力したのでした。彼の頭がイギリスを守り、勝利に導いたと考えがちですが、もし彼の足が協力しなかったら、働かなかったら、行きたい所にも行けなかったでしょうし、もし彼の耳が協力しなかったら、様々な意見を聞くこともできなかったと思います。

●第46節

つまり、からだの各部分はそれぞれの役割をもっていて、他の部分にはない役割をもっているということです。だから、頭は足に対して、おまえは役立たないからいらないとも言えないわけです。目で見る部分と、足で大地にしっかりとからだを支えて、足から感じる感覚とは全く違った情報であり、優劣ということはありません。それぞれ特徴をもっています。足から受ける感覚がなければ、我々は歩くこともできませんし、またすぐに転んでからだを傷つけてしまうことでしょう。

●第47節

人間同士もこれと同じであり、その人間社会においては、人それぞれの見方と役割をもっています。人はそれぞれ自分の意見が正しいと考え、自分の考えが絶対正しいのだと思いがちです。そして、他の人の考えが自分の考えと合わなければ、まちがっていると思っています。

しかし、人はそれぞれその立場から正しくものを見ています。意見が同じであれば、これは目だけがそろったようなものであり、相乗効果を発揮できません。

第48節

もし二人の意見が違うならば、むしろそれは喜ばしいことなのです。相乗効果を発揮させるために、そして相手に次のようなことを言えばいいわけです。「私の見ている範囲とあなたの見た視点から見ている範囲とは異なります。あなたの見ている視点と範囲を教えてください。そうすれば私の見る範囲は、もっと広がることでしょう」と言って、相手の見る視点を尊重し、話し合うならば、あなたの人間の幅は一層広がり、その人との活動によって、一層相乗効果が得られます。

第49節

からだも各部分も、それぞれの働きをしながら、目も手足も耳も鼻も口も、それぞれの働きをしながら、一致して働くときに最大の効果を発揮します。人間の社会もまた組織も同じように、それぞれの役割、それぞれの使命を発揮しながら、最大の効果を相乗効果、総合力効果として発揮できます。相乗効果とは、二人で一人半の仕事をするのではなく、また二人分の仕事をするのでもなく、二人で4人分、また8人分、また16人分といったパワーを発揮することをいいます。これは互いにその役割と使命を認め合い、相手の視点に立って、考えがあることを認め合うときに、はじめて可能となります。

●第50節

つまり、人生をほんとうに効果的に最大のパワーを発揮して人間関係をもてる人とは、自分というものの見方に限界があるということを認め、そして他の人もその人の見方があることを、つまり他の人も自分と違ったパラダイムがあることを認めて、その他の人の豊かな資源を活用できる人のことです。こういう人は、他の人の意見の相違こそが、自分の知識の理解を広げる貴重な提言であることを認めています。そしてこのような人は、ちがった意見に接すれば接するほど、自分の知識を広げ、また人間関係を広く、強くしていくことができます。

●第51節

次に、第七の法則は「学びと訓練によって、螺旋状に上昇して進化向上する」です。人間には四つの能力をもっています。つまり、身体的能力、精神的能力、知的能力、そして社会的、情緒的能力の四つです。この四つともばらばらなものではなく、一体となってそれぞれ強め合い、高め合って、一人の人間を総合的に進化向上させていきます。

この四つの能力を学びと鍛練によって強めていくことによって、一人の人間としての総合力を発揮させ、進化向上させていきます。

第52節

たとえば、第一の能力の肉体的、身体的な能力の強化と鍛練によって、健康で他人の世話にならず自分で自立し、自分のことは自分で責任をもつ自己責任感を育てることができます。同時に精神をも高めていくことができます。これは、主にさきほど述べた第一の法則「自分の主体性を確立する」という法則を実行するためにも非常に役に立つことです。この第一の能力の身体的肉体的強化訓練については、運動や栄養への配慮や学びなどが役に立つと思いますし、それらをベースにさらに深く学びを自分で進めることができます。

第53節

第二の能力の、精神面の強化についても、さらに自分で学びを深めていくことができます。つまりや読書や古典文学、精神性の高い音楽や芸術を聞いたり見たりしていくことによって深めていくことができます。また野山へのハイキングなどによって自然を観察したり名画を鑑賞したりすることなどによっても養われていきます。

第54節

またこの分野における学びと鍛練によって前に述べた第二の法則「あなたのこころの王座に何を置くか」つまり人生目的や目標も明確になってきて、この法則をも確実に実行できるようになっていきます。そして自分自身が自分の人生のリーダーシップを取れるようになってきます。

第55節 次に第三の能力の、知性の能力については、その向上のためには、これまでも説明しましたように、何といっても最良の材料は読書です。なぜならば書物には人類の知恵や知識が濃縮して詰め込まれており、各人の進化のレベルに応じて、何百万種類の書物の中から、自分に合った書物を選んで読書をしていくことができるからです。

第56節 第三の能力である知性が向上すると、前に述べた第三の法則の「重要事項を優先していくことができる」つまり、時間管理、自分の人生の時間管理を賢く行うことができるようになってきます。つまり、自分の人生にとってあまり意味のない、たとえばテレビをだらだらと見たりして、時間を無駄に過ごさず、自分にとって重要なことに自然に時間を優先的に割り当てることができるようになるわけです。

第57節 とくにこの第一～第三の法則を学ぶために毎日1時間は時間をとって学ぶことをおすすめします。こうした学びによって、これをやろうという決心が生まれ、そしてこれらを実行に移すとき、さらにその上の目的、目標が見えてきます。

第58節

次に第四の能力である社会的情緒的能力のことですが、これは人間関係向上の能力ともいえます。この第四の能力はいま述べた第一の身体的能力、第二の精神的能力、第三の知的能力の、基礎の上に強化されていくものですが、さらに実践的に他の人と出会い、コミニュケーションすることによって訓練され強化されていきます。

第59節

たとえば、他人とのコミュニケーションを通して、前に述べた第四の法則の「自分も満足し他人も満足する」という法則を実践できます。つまり、お互いに満足できる案を作り上げていくという訓練を行っていくことができます。また第五の法則の「相手を理解してから相手から理解される」ということの実践訓練をしていくことができます。

第60節

そして、さらには第六の法則の「相乗効果を発揮する」ことを実行するための訓練として、コミュニケーションの際に意識して、自分の要点と相手の要点のちがっている点を合わせて更に良い案を作り、これを実行させていくという訓練をしていきます。

第61節

このようにして、人間の四つの能力が、これらの六つの法則の実行によって関連し、高められ、影響し合い、螺旋状に向上していくのです。そしてさらには、学び、決意し、実行するという三つのプロセスによって、第七の法則である「学びと訓練によって螺旋状に進歩向上させていく」ということができます。

● **第62節** こうして螺旋状に上昇し、進歩していきます。こうしたたゆまない継続的な学びと決意と実行していくときに、人間は知性、肉体、精神、人間関係、すべてにおいて全体的に向上していくことができます。人間関係だけを向上させるということはありえませんし、またもろいものです。この四つの側面がバランスよく一歩一歩向上していくときに、確実な主体性のある人間関係が確立されていくのだと思います。

● **第63節** 以上、人間関係のための七つの法則を述べてきましたが、実はこの七つの法則は世界的ベストセラー書『7つの習慣』(スティーブン・コヴィー著)に書いてある七つの習慣を日本人向けに七つの法則にまとめ、改良したものなのです。

● **第64節** 以上の点からこの法則は、世界中の多くの人にあてはまる普遍的で、貴重な法則であると思います。この『7つの習慣』という世界的ベストセラー書を書いたスティーブン・コヴィー氏が語るところによれば、彼の人生での最大の発見は、外側からの刺激と、自分から外側への反応の間にはこころの間に空間スペースがあって、そこで自分はどのようにでもその刺激に対する反応を選ぶことができるということを発見したことであったといっています。

第65節 つまり外側からどのような刺激が自分に向かってこようとも、それに対する反応や行動を選びとるのは自分であり、自分が主人公であるということを悟ったといいます。これが彼の人生最大の発見だということを言っております。このことは、彼が大学の教鞭をとっていたときに、一年間大学を休んで執筆活動をしたときにこの大発見をして、それから彼の内側から変わり、そして彼の配偶者や家族との関係、そして周りの人間関係を非常に向上させていったといいます。

第66節 このことは非常に重要な発見だと思います。つまり外側からのテクニックや刺激によって、変えようとしてもそれは枝葉の問題であり、なかなか身につきませんが、こころの内側から変われば、それは本質的な変革であり、内側から外側へ溢れ出てくるのです。詩人エマーソンは次のようなことを言っています。「困難のように見えることを容易にやることができるようになったのは、周りが変わって困難でなくなったのではなく、自分の普段の習慣がそれをなし遂げる能力をもつことができるようになったためである」と。

●第67節　我々の本質は肉体のからだではなく、その中にある我々自身のこころの本質であり、我々の本質が主人公なのであり、肉体や感情というものは、その従者なのであるということです。

●第68節　肉体や感情が主人公なのではありません。そして、さきほどスティーブン・コヴィー氏が言ったようにこころの中の空間スペースの中にあって、我々の本質はどのような刺激に対しても、自分の選んだ反応を選ぶことができるということです。

●第69節　この悟りによって、我々は外側からの環境や刺激や人間に動かされることなく、我々自身が我々の希望する方向に周りの人に影響を与えていくことができます。そしてよい環境を作っていくことができます。不断の学びと訓練によって、内側を変えそして進歩させ、変革させ、進化させ、そして我々の周りの人々と共に進化、進歩していく。これが人間としての究極の目的であり、また生きがいとなり、人生目標となっていくのだと思います。

著者紹介

斉藤英治（さいとう・えいじ）

医学博士。1940年、山形市生まれ。健康英知研究所所長。東北大卒業後、武田薬品工業にてビタミンと脳科学の研究開発を経て現職。日本綜合医学会常任理事、日本健康科学学会理事を20年務める。学校法人エール学園IMGS大学院大学教授を歴任。心と体の健康向上と脳科学、脳力開発の研究をライフワークとし心を豊かにする読書法や能率学を研究、教育にも力を入れている。そのメソッドは、JR東日本、富士フィルム、NEC、住友化学、京都大学、東京電力、中部電力、JETRO（日本貿易振興会）、日本能率協会、生産性本部など、大手企業、教育機関で採用され、人気研修となっている。同研修受講者は累計1万人を突破。著書に、『世界一わかりやすい「速読」の教科書』（三笠書房）、『王様の速読術』（ダイヤモンド社）、『斉藤式高速仕事術』（扶桑社）など、46冊、累計115万部発刊。

【研修などの問い合わせ先】
健康英知研究所　http://esaitou.c.ooco.jp/

聞《き》くだけで速読《そくどく》ができるCDブック　〈検印省略〉

2016年　6　月　1　日　第　1　刷発行
2016年　7　月　9　日　第　3　刷発行

著　者――斉藤 英治（さいとう・えいじ）
発行者――佐藤 和夫

発行所――株式会社あさ出版

〒171-0022 東京都豊島区南池袋 2-9-9 第一池袋ホワイトビル 6F
電　話　03 (3983) 3225（販売）
　　　　03 (3983) 3227（編集）
F A X　03 (3983) 3226
U R L　http://www.asa21.com/
E-mail　info@asa21.com
振　替　00160-1-720619

印刷・製本 （株）シナノ
乱丁本・落丁本はお取替え致します。

facebook　http://www.facebook.com/asapublishing
twitter　http://twitter.com/asapublishing

©Eiji Saito 2016 Printed in Japan

ISBN978-4-86063-882-5 C2034

好評既刊

聞くだけで脳が目覚める CDブック

山岡尚樹 著　A5変型　定価1,200円＋税

聞くだけで感情がコントロールできる「音サプリ」も収録

好評既刊

心を整えるマインドフルネス CDブック

人見ルミ 著　A5変型　定価1,200円+税

心と体の疲れの元を取り除き、最高のあなたを引き出す